SEYMOUR DE RICCI

QUELQUES BIBLIOPHILES

II

M. PAUL VILLEBŒUF

PLAISIR DE BIBLIOPHILE

1927

QUELQUES BIBLIOPHILES

II. M. PAUL VILLEBŒUF

N plein cœur de Paris, à quelques mètres de l'Avenue de l'Opéra, il existe encore, autour du marché Saint-Honoré, quelques maisons anciennes que l'activité du grand commerce n'a réussi à moderniser qu'en partie. Vous traversez une cour, vous gravissez les marches de pierre d'un escalier centenaire à la rampe forgée, vous passez, sans vous y arrêter, par un minuscule bureau d'officier ministériel, vous soulevez un lourd rideau rouge et vous pénétrez tout droit dans l'intimité accueillante d'une petite pièce carrée, qui tient à la fois du bureau, du salon et du musée.

L'œil malicieux, la barbiche en bataille, la lèvre souriante, le maître du logis se lève pour vous recevoir. Et tout de suite, les murs de la chambre attirent votre regard, tout tapissés de dessins précieux, où trois siècles d'art s'entremêlent sans se confondre, où les larges horizons d'un Claude Lorrain soutiennent de leur vigueur la délicatesse un peu féminine de deux délicieuses compositions par Hubert Robert, où un calme pâturage de Troyon voisine avec un grand

Guardi et un prestigieux jardin italien de Fragonard, où Gavarni se continue par Willette, où Boucher, enfin, répand à travers les cadres toute la mythologie grassouillette de ses nymphes cambrées.

Et puis vous vous retournez vers une grande armoire vitrée où scintillent les dorures de plusieurs rangs de maroquins foncés. Les panneaux s'ouvrent, bienveillants, et M. Villebœuf, avec une joyeuse et cordiale patience, vous fait les honneurs de sa bibliothèque.

Les amateurs d'aujourd'hui, trop pressés de compléter leurs séries, sont bien obligés de se contenter de ce qu'on leur apporte. Veulent-ils un *Hernani* ou un *Lucrèce Borgia*, ils n'attendront pas d'en rencontrer un qui soit impeccable, mais se disputeront, avec plus d'acharnement que de jugement, le premier exemplaire qui passera dans une vente. Le livre est-il piqué, lavé, raccommodé, la couverture est-elle réparée ou même absente, tant pis ! A tout prix il faut combler la lacune dans la série et l'amateur trop hâtif ne se soucie plus guère de la qualité. C'est ainsi qu'à la vente récente d'une grande bibliothèque belge, nous trouvions des exemplaires de troisième ordre côte à côte avec des volumes impeccables. Et ils se vendaient presque le même prix !

Ce n'est point ainsi qu'a procédé M. Villebœuf : héritier de traditions illustres, instruit par l'exemple de devanciers mémorables, les Rothschild et les Paillet, les Parran et les Montgermont, il n'a admis sur ses rayons que des livres en condition parfaite qu'il a fait relier lui-même, à mesure que le hasard les amenait entre ses mains. Il a ainsi constitué, en quarante-cinq ans, un des ensembles les plus homogènes de livres romantiques qui existe en France.

Les éditions originales de Victor Hugo, de Musset, de Vigny étaient publiées, comme chacun le sait, sous la forme de brochures revêtues d'une couverture imprimée, le plus souvent sur un papier assez mince. On conçoit que fort peu des exemplaires soient parvenus jusqu'à nous à l'état de neuf et que de pareils volumes devaient souffrir considérablement de la moindre manipulation. Étant donné qu'il est légitime de collectionner les éditions originales de nos grands Romantiques, sous quelle forme convient-il de les rechercher et de les conserver. En d'autres termes, une collection de Romantiques doit-elle être reliée, et comment?

« Les Romantiques, écrivait Charles Nodier en 1834, sont condamnés à mourir brochés; ils n'auront pas même un tombeau de basane où attendre la poussière et les vers, dans ces immenses nécropoles qu'on appelle les bibliothèques, à côté des Classiques leurs contemporains, qui ont l'honneur de moisir dorés sur tranche; cela est dur, mais cela est écrit, quasi officiel. »

Les premiers collectionneurs de Romantiques, comme Charles Monselet et Charles Asselineau, hésitèrent longtemps sur le sort à donner aux volumes qu'ils plaçaient sur leurs rayons. Tandis que le premier les conservait brochés, le second les faisait cartonner, sans les rogner, ou leur donnait une honnête demi-reliure, voire, pour certains volumes de choix, une reliure pleine en maroquin. James de Rothschild (dont la bibliothèque romantique, fort peu connue des spécialistes, est une des plus parfaites qu'on ait constituées) fit recouvrir la plupart de ses volumes de simples cartonnages de protection. Les quelques volumes en maroquin plein que présente chez lui cette série doivent avoir été achetés tout reliés. Un jour, nous raconte son ami Émile Picot, « il venait d'acheter un exemplaire de la première édition des *Chansons* de Béranger, dans sa brochure primitive, en vilain papier jaune; ne voulant pas dépouiller le volume d'un aussi précieux habit, ni soustraire aux regards l'étiquette en papier blanc qui portait le titre, il fit faire en maroquin un élégant étui dans lequel il enchâssa le livre broché ». C'était en 1880 et le baron James pensait railler ainsi l'innocente manie de quelques bibliophiles. En réalité, son geste était prophétique et plus d'un grand collectionneur, depuis lors, a suivi son exemple.

J. Noilly, dont la vente, en 1886, fut un des grands événements dans l'histoire de la bibliophilie romantique, affectionnait les reliures pleines en maroquin, goût que partagèrent ses contemporains, Eugène Paillet, Parran et Le Barbier de Tinan.

Une autre mode, celle des demi-reliures très soignées, dans le goût de 1830, exécutées par Amand, par Cuzin, par Champs et par l'incomparable Carayon, naquit vers 1880 et a joui jusqu'en 1914 d'une vogue incomparable. On se rappelle, peu avant la guerre, cette vente Legrand, si riche en beaux exemplaires ainsi reliés en demi maroquin à grain long, le plus souvent de couleur foncée. Enfin, dans ces dernières années, les exemplaires sans couvertures, en demi-reliures de l'époque du livre, ont connu toute la faveur des amateurs.

M. Villebœuf, désireux de n'accueillir sur ses rayons

que des volumes parfaits — et il est tel ouvrage, comme *Mademoiselle de Maupin* qu'il ne possède pas, ne l'ayant jamais rencontré assez beau — n'a admis dans sa bibliothèque que des exemplaires brochés, avec couverture en bel état, volumes qu'il a fait lui-même relier, de 1880 à 1926, par deux générations de Cuzin et deux générations de Mercier! Seul, parmi les amateurs de Romantiques, il a pu ainsi réserver à chaque auteur une reliure uniforme. On ne saurait croire, sans l'avoir vu, combien peut être séduisant un pareil ensemble, quel chatoiement de couleurs et de dorures, quelle dignité dans le décor d'un rayon de bibliothèque, quelle personnalité enfin, peut présenter une réunion aussi soigneusement constituée, au cours d'un demi-siècle d'efforts.

La bibliothèque de M. Villebœuf est avant tout consacrée, nous l'avons dit, aux éditions originales des Romantiques, de 1810 à 1870, de Stendhal et Hugo à Flaubert et Baudelaire. Pour énumérer tous les articles précieux ou remarquables de cette série, il faudrait tout un volume. Il n'y a presque pas un livre qui ne se distingue par quelque particularité : papier exceptionnel, envoi d'auteur, lettre, dessin ou manuscrit ajouté.

On ne devra donc pas, dans ces pages, chercher même l'ébauche d'un catalogue : on ne trouvera ici que la notation fidèle des impressions d'un visiteur qui a feuilleté quelques volumes et regardé le dos de quelques autres.

La divinité de cette chapelle est Victor Hugo : nulle part ailleurs, on ne trouverait, je crois, la suite de ses éditions originales aussi complète, aussi pure de qualité, aussi riche en exemplaires piquants. Voici d'abord les deux périodiques rarissimes où s'essaya son génie naissant : *Le Conservateur littéraire*, précieux exemplaire bien complet, provenant de Jules Claretie (on n'en connaît que trois ou quatre autres) et *La Muse française*, avec toutes ses couvertures ; plus un deuxième exemplaire de la *Muse*, enrichi d'autographes de presque tous les collaborateurs.

Voici ensuite les rares plaquettes de la jeunesse de Hugo, le fameux *Télégraphe* de 1819, plus connu peut-être, bien qu'à coup sûr moins rare que *Les Destins de la Vendée* (1819). Puis ce sont les *Odes* de 1822, avec un envoi au ministre de la Maison du Roi, ce marquis de Lauriston qui obtint pour le jeune poète une pension de mille francs. Le théâtre est représenté par quelques numéros hors ligne : *Le Roi s'amuse* est sur grand papier, avec un envoi à Sainte-Beuve ; autre envoi sur *Marion de Lorme* : « *A Sainte-Beuve, son frère Victor* », plus un reçu de 8.000 francs pour la vente du manuscrit de la pièce tirée à 4.000 exemplaires. En tête de *Lucrèce Borgia*, est ajoutée une lettre lyrique de Hugo à Marie Dorval dont il serait coupable de ne pas reproduire ici quelques lignes :

« *Madame, permettez-moi de mettre* Lucrèce Borgia *à vos pieds. Je me suis déjà si bien trouvé d'avoir mis* Marion de Lorme *dans vos mains... Quant à ma pièce en elle-même, faites-en ce que vous voudrez : Ce serait déjà un grand honneur pour elle de vous fournir quelques papillotes. Ma pièce n'est qu'un incident littéraire, rien de plus. Elle a la fièvre tierce, à ce qu'il paraît : elle est sifflée de trois jours l'un...* »

Un album in-quarto, joint à l'exemplaire, renferme

une foule de documents curieux relatifs à la pièce : le traité du poète avec Renduel, la feuille de location de la première, avec les noms de tous les spectateurs, etc.

L'édition originale de *Notre-Dame-de-Paris* est, de notoriété publique, la plus recherchée de toutes les œuvres de Hugo. Ce n'est pas une mince satisfaction pour M. Villebœuf que de pouvoir nous montrer le plus bel exemplaire connu, celui de feu Montgermont, broché, dans deux étuis en maroquin; notre amateur a eu la bonne fortune de pouvoir y joindre un non moins précieux exemplaire de l'édition de 1832, « exemplaire unique » sur grand papier de Chine, avec envoi à Mademoiselle Louise Bertin, auteur de la musique de l'*Esméralda*. Il provient de la vente Kaminski en 1882; on n'en connaît qu'un seul autre sur Chine, venant de Renduel lui-même et passé dans la collection Adolphe Jullien.

Toutes les autres originales de Hugo présentent quelque particularité exceptionnelle : *Quatre-vingt treize* est sur Chine; *Les Travailleurs de la mer*, sur papier vert-d'eau; *Les Châtiments* sont enrichis de lettres et de pièces nombreuses; chaque volume de *La Légende des Siècles* porte un envoi différent. L'un est inscrit par l'auteur « *Mon exemplaire* »; un autre est dédié à Mademoiselle Louise Bertin; un autre encore porte un touchant envoi à François Victor-Hugo : « *J'offre ce livre à Shakspeare dans la personne de Victor, V. II.* », avec un deuxième envoi au même, sur le dernier feuillet.

La place m'est trop mesurée pour continuer une pareille énumération : elle pourrait sans peine être recommencée pour chacun des grands Romantiques. De Vigny, *Servitude et grandeur* porte un précieux envoi à Barbier; du même, Othello est enrichi d'un spirituel billet : « *Si vous voulez, entre quelques Anglaises jolies et quelques amis aimables, prendre du thé et entendre mon scélérat d'Othello, venez demain, mon cher Augustin, à huit heures précises du soir, vous serez reçu par nous tous avec joie, comme toujours...* »

Voici encore quelque joyaux : le *Livre d'Amour* de Sainte-Beuve, avec sa couverture muette; les *Heures perdues* de Félix Arvers; la *Bohème* de Murger, sur grand papier; les *Péchés de jeunesse* de Dumas fils, avec cet envoi narquois : « *A Michel Lévy qui a eu l'esprit de ne pas éditer ce livre-là.* »

Et puis voici les Stendhal, et les Flaubert et surtout les Baudelaire : quel autre amateur a placé côte à côte sur ses rayons les *Fleurs du Mal* sur Hollande, richement reliées par Mercier, le n° 7 des dix exemplaires sur Chine des *Épaves* et les *Paradis artificiels* sur Chine, le seul exemplaire sur ce papier qu'il nous ait encore été donné de rencontrer?

Et puisque nous parlons des *Fleurs du Mal*, et des rarissimes exemplaires sur papier vergé, citons quelques lignes curieuses d'une lettre de Poulet Malassis à Charles Monselet, fort intéressante pour l'histoire de ces phénix de la bibliophilie : « *J'aurai le regret de ne pouvoir vous donner qu'un exemplaire sur papier ordinaire des* Fleurs du Mal. *Au moment de la saisie, Baudelaire a mis la main sur tous les exemplaires papier fort et les a adressés, comme moyen de corruption, à des personnages plus ou moins influents.*

Puisqu'ils ne l'ont pas tiré d'affaire, je crois qu'il serait bien de les leur redemander. »

Cet ensemble exceptionnel d'éditions originales des Romantiques est complété par une riche et belle série des grands livres illustrés de la même époque. Là encore, notre amateur s'est donné la joie de marquer sa collection au coin de sa robuste personnalité.

Désire-t-il le *Mémorial de Sainte-Hélène* ou les *Contes drolatiques* de Balzac? Il les voudra sur Chine, et l'on connaît la rareté de pareils trésors! Il lui faut bien entendu les *Chants et chansons populaires de la France*; mais il tiendra à y joindre la série complète des couvertures (et de bonne date!), l'affiche de la publication, des épreuves en double de tous les cahiers avec différences, un bon nombre enfin des précieux dessins originaux.

C'est ainsi que le véritable collectionneur marque de son empreinte tous les volumes qu'il possède, bien plus sûrement encore qu'il ne le fait avec son ex-libris ou son cachet. Si jamais la collection Villebœuf venait à être dispersée, l'on pourrait prédire à coup sûr aux exemplaires de cette provenance la même gloire future qu'aux volumes marqués des noms les plus illustres de la bibliophilie. Mais ce n'est pas sans un infini regret que l'on envisagerait possibilité pareille. Des ensembles aussi parfaits ne sauraient se refaire : ces bibliophiles de vieille roche se sont juré de faire le désespoir de leurs jeunes et ardents imitateurs : ils auront des continuateurs, ils n'auront pas de rivaux.

www.ingramcontent.com/pod-product-compliance
Lightning Source LLC
LaVergne TN
LVHW010805180726
843502LV00011B/4366